JN094433

成年後見制度はなぜ必要なのか

成年後見制度の背景と理念

地域社会から孤立した人や、身寄りがないことで生活に困難を抱える人の問題が顕在化しています。住み慣れた地域において、人と人、人と社会がつながり、すべての住民が尊厳のある本人らしい生活を継続することができるよう、社会全体で支え合いながら、共に地域を創っていく地域共生社会の実現に向け、意思決定支援等による権利行使の支援、虐待対応、権利侵害からの回復支援を主な手段として、支援を必要とする人が地域社会に参加し、共に自立した生活を送るという目的を実現するための権利擁護支援の一つに、成年後見制度があります。

認知症や知的障害、精神の障害のために利害得失等を判断することが難しい人にとって、法的に権限を与えられた者が、本人が不用意に結んだ契約を本人の利益のために無効にすることや、本人に代わって契約や相続の手続などを行うことが必要な場合があります。

そのためには、本人に代わって法律行為を行う人を適切な手続により法的に決めることが求められます。福祉サービスは本人と事業者との契約によりサービスが提供される仕組みですから、本人の契約する能力が十分でない場合はその方のために契約を支援することが必要です。

●旧制度の問題点は？

以前、民法には「禁治産」「準禁治産」の制度がありました。禁治産は「おおむね心神喪失にある者」に対し家庭裁判所が宣告し、選任された後見人は本人が自分だけで行った法律行為をすべて取り消すことができます。また「心神耗弱者」や「浪費者」の場合は準禁治産宣告により保佐人がつき、本人が一定の重要な法律行為をするには保佐人の同意を得る必要があるというのがその内容でした。

しかし、家庭裁判所への申立件数は非常に少なく、この制度は実情に即したものとはいいがたいものでした。

●現在の成年後見制度の誕生

利用者の立場に立った社会福祉制度の構築の一つとして、福祉サービスの利用方法が「措置」から「契約」へと移行し、利用者が自らサービスを選択し、事業者と契約して「福祉サービスを利用する制度」となりました。

このような背景の中、2000年4月1日より成年後見制度が施行されました。成年後見制度は、「ノーマライゼーション」や「自己決定権の尊重」の理念と、「本人保護」の理念を調和させ、判断能力が十分でないため意思決定が困難な人について、その人の権利を擁護する制度です。しかし、利用者数は増加傾向にあるものの、社会生活上の大きな支障が生じない限り、あまり利用されていないことがうかがわれました。

そこで2016年4月に成立した「成年後見制度の利用の促進に関する法律」では、これまでの理念を尊重しつつ、意思決定の支援が適切に行われ、自発的意思が尊重されるべきことが基本に置かれ、財産の保全だけでなく、身上保護等の福祉的な観点も重視した運用とする必要があることが規定されました。利用者がメリットを実感できる成年後見制度の運用改善、権利擁護支援の地域連携ネットワークづくり、安心して成年後見制度を利用できる環境の整備などが取り組まれることになります。

2017年3月、同法に基づく成年後見制度利用促進基本計画が閣議決定され、取組みが進められました。しかし、課題は残されており、今後、認知症高齢者が増加するなど権利擁護支援のニーズがさらに多様化及び増大する見込みがあることから、こうした状況に適切に対応するため、第二期成年後見制度利用促進基本計画が2022年3月に閣議決定され、さらなる施策の推進が図られることとなります。

成年後見制度のあらまし
「自己決定の尊重」と「本人の保護」の調和が必要

●成年後見制度のポイントは？

民法の一部を改正して2000年4月からスタートした現在の成年後見制度のポイントは、次の通りです。(本冊子では、成年後見人、保佐人、補助人をあわせて成年後見人等と、成年後見監督人、保佐監督人、補助監督人をあわせて成年後見監督人等と呼ぶことにします。)

Ⅰ 「法定後見制度」と「任意後見制度」

成年後見制度は、「法定後見制度」と「任意後見制度」からなります。「法定後見制度」は、家庭裁判所の審判により成年後見人等の選任や後見の範囲等を定める制度で、判断能力の状況に応じて制度を利用することができます。「任意後見制度」は、契約による後見の制度で、本人に十分な判断能力があるうちに、あらかじめ任意後見人と後見の範囲を定めておくものです。

Ⅱ 判断能力の多様性に対応する「後見」「保佐」「補助」の3類型

「法定後見制度」には、本人の判断能力の状況に応じて、「後見」「保佐」「補助」の3類型があります。旧制度では画一的であった保護の範囲を柔軟にするとともに、「補助」を新設し、軽度の障害により判断能力が不十分な方の意思を尊重しながら多様なニーズに対応する制度となっています。

Ⅲ 家庭裁判所が適切な法定後見人を選任

旧制度では配偶者がいる場合には配偶者が後見人・保佐人になると規定されていましたが、現制度は、家庭裁判所が一人ひとりの状況に応じて、適切な成年後見人等を選任します。成年後見人等を複数選ぶことや法人を後見人に選ぶことも可能です。成年後見人等には本人の意思を尊重し、心身の状態や生活の状況に配慮する義務があります。

Ⅳ 「財産管理」と「身上保護」

成年後見人等の役割は、「財産管理」と「身上保護」からなります。「財産管理」は、本人の財産の維持・管理を目的とする行為です。「身上保護」は、本人に必要な衣食住等の生活に関する手配や療養・介護の手配など本人の身上に関するすべての行為です。

Ⅴ 戸籍に記載されない成年後見登記制度

旧制度では「禁治産宣告」を受けていることが戸籍へ記載されましたが、現制度は、成年後見人の持つ権限や任意後見契約の内容などを登記して公示する制度になっています。

Ⅵ 身寄りのない方には区市町村長が申立て

法定後見（補助・保佐・後見）の申立人は、本人、配偶者、四親等内の親族などですが、身寄りがないなどの理由により、申立人がいない方の保護のために、区市町村（市町村及び23区）の首長は法定後見を開始する審判の申立てを行うことができます。

法定後見と任意後見における取消権と代理権

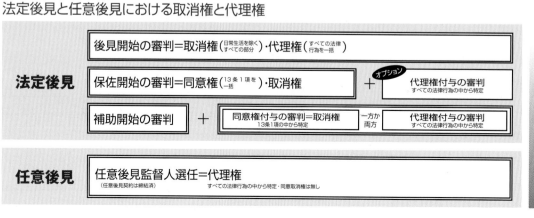

補助・保佐・後見制度の概要

		補助	保佐	後見
	本人	被補助人	被保佐人	成年被後見人
	保護者	補助人	保佐人	成年後見人
	監督人	補助監督人	保佐監督人	成年後見監督人
開始の要件	対象者	精神上の障害（認知症・知的障害・精神障害など）により事理を弁識する能力が不十分な者	精神上の障害により事理を弁識する能力が著しく不十分な者	精神上の障害により事理を弁識する能力を欠く常況にある者
開始手続	申立てできる人	本人、配偶者、四親等内の親族、他の類型の保護者・監督人、検察官、任意後見を受任された者、任意後見人、任意後見監督人、区市町村長		
	本人の同意	必　要	不　要	
同意・取消権	付与される範囲	特定の法律行為（申立ての範囲内）	民法13条1項各号が定める行為 上記以外の特定の法律行為（申立ての範囲内）	日常生活に関する行為を除く行為
	本人の同意	必　要	不　要	
	取り消せる人	本人と補助人	本人と保佐人	本人と成年後見人
代理権	付与される範囲	特定の法律行為（申立ての範囲内）		すべての法律行為
	本人の同意	必　要		不　要
保護者の責務	職務	同意権・取消権、代理権の範囲における本人の生活、療養看護および財産に関する事務		本人の生活、療養看護および財産に関する事務
	一般的な義務	本人の意思の尊重と本人の心身の状態および生活の状況に配慮		

※事理を弁識する能力が不十分な人を支援する制度のため、重度の身体障害によりコミュニケーションが難しい場合などは対象になりません。

用語解説

同意権・取消権、代理権とはどんな権限？

たとえば、家庭裁判所の審判によって本人が契約などの法律行為を行うにあたって、「補助人または保佐人の同意を必要とする」とされたものが同意権。同意権があるにも関わらず補助人の同意がないまま、本人がその行為を行ったとき、それを取り消すことができるのが取消権。
代理権は代理権を与えられた人が本人に代わって本人のために契約などの法律行為ができること。

●成年後見制度の守備範囲は？

成年後見人等の職務は、法律行為に重点が置かれていますが、財産管理に限らず、本人の生活や健康管理に関することにも及びます。

成年後見人は、全面的に本人を代理する権限を持ちます。本人が自ら家事や健康管理が困難で援助する人もいない場合、介護や福祉サービスの手配をし、利用契約することも成年後見人の責務です。

一方、「保佐人」「補助人」は特定の法律行為の範囲内においてのみ権限を有し、福祉サービスなどの利用契約については代理権が与えられた場合のみ、必要な手配を行う義務があります。

成年後見人等は身上保護の責務があるため生活の状況を把握したり今後の生活を考え、福祉関係者と調整したり情報を集めたりして生活を見守っていきますが、直接介護をする行為は職務外とされています。

援助してほしい内容が選べる「補助」制度

必要な事項に限って補助人に任せる柔軟な制度

●「補助」制度の特徴

「補助」制度は、判断能力に軽い障害がある人を対象にするもので、本人の「自己決定」を尊重し、援助してほしい内容を選択できるのが特徴です。

●どのような人が利用するの？

法律では次のように定めました。

> 精神上の障害により事理を弁識する
> 能力が不十分である者

具体的には、「利害得失等を判断する能力が十分でなく、自分の財産を管理したり処分するには援助を必要とする。たとえば、不動産の売買契約や遺産分割などの法律行為について自分だけでできるかどうか心配である。本人の利益のために、行為の内容によっては手伝ってもらったり、代わりにやってもらった方がよい」といった人が想定されます。

そのような状態にある本人の意向を尊重しながら、援助の方法を本人の同意をふまえて決めるのが「補助」です。

●誰が補助人になるの？

「補助人」には、本人にとって最もふさわしい人が、家庭裁判所の職権で選任されます。「補助人」を誰にしたいかについて、家庭裁判所は「本人の意見陳述を聞かなければならない」とされています。（「保佐人」「後見人」に関しても同様です。）

●本人の自己決定を尊重するために

本人以外（5頁「申立てできる人」参照）の申立てにより「補助」を開始する審判を行うには、「保佐」「後見」の場合と異なり、「本人の同意」が必要です。

●具体的には、どんな場合？

「補助」制度の利用には、次のようなケースが該当すると考えられるでしょう。

A 軽度の知的障害者が不動産の売却を必要とする場合

軽度の知的障害者で、親が残した不動産、株券や貯金、年金等を所有している。日常生活や会話に支障はないものの、大きい金額の計算や難しい手続きは苦手。日常の生活費に余裕がなくなったので、不動産を売りたい。

B 初期の認知症高齢者が自宅の増改築で契約が必要な場合

数年前から記憶力が低下。初期のアルツハイマーではないかと主治医は診断している。本人名義の自宅を本人が生活しやすいように増改築したい。

● 「補助」はどんな目的で利用するの？

(1)同意・取消権（5頁参照）を付与

　家庭裁判所が「補助の開始の審判」をして、契約などの特定の法律行為について補助人に「同意・取消権」が与えられると、本人がその法律行為を行うには、「補助人の同意」が必要となります。同意がないまま本人が不利な契約などを行っても、後から本人または補助人がそれを取り消すことができます。

(2)代理権を付与

　審判で特定の法律行為について代理権を与えられた補助人は、その範囲内で本人（被補助人）に代わって、本人の生活に必要な契約等の法律行為を行います。

(3)付与する法律行為を選べるのが特徴

　本人を援助する範囲と手段を柔軟に選べるのが「補助」制度の特徴です。(1)(2)の同意・取消権や代理権も、一人ひとりの状況によって必要性が異なるでしょう。したがって、「同意・取消権だけを与える」「代理権だけを与える」「両方とも与える」のいずれかを選べるとともに、同意・取消権、代理権の対象となる法律行為の範囲についても選択できる仕組みになっています。

　家庭裁判所は、申立てのあった範囲内で援助の中身となる「特定の法律行為」を決めます。本人以外の者が同意・取消権の付与、代理権の付与の申立てをする場合には「本人の同意」が必要です。

● どんな法律行為が考えられるの？

　「法律行為」とは、売買などのように、一定の法律上の効果をもたらす行為のことです。

　「同意・取消権」の対象となる法律行為は、「家の新築や改築」「金銭の借り入れや保証」「不動産や重要な財産（自動車など）の売買」「遺産分割」「訴訟行為」などのように、「保佐」で同意権の対象とされる9項目の重要な法律行為（9頁参照）です。「補助」の場合はそのうちの一部に「同意・取消権」を特定できます。

　特定の仕方は、たとえば、「不動産の売買」というように行為を種類で指定してもよいし、「○○町○○番地の土地の売却」というような具体的な行為を特定する方法でもよいとされます。

　一方、「代理権」の方は、婚姻や遺言のように本人でないとできない行為を除いて、どんな法律行為にも付与することができます。特定の仕方は、同意権の場合と同じで、「金融機関との取引すべて」「要介護認定の申請、異議申立て、介護支援契約の締結、解除」といったような代理権の決め方もできます。

● 必要がなくなって、やめたい時は？

　同意・取消権や代理権の必要性がなくなれば、申立てによりそれぞれを取り消すこともできますし、すべての同意・取消権、代理権を取り消されれば、「補助を開始する」とした審判そのものが取り消されます。

補助制度の 特徴

◎利害得失等を判断する能力に軽度の障害がある人が利用しやすい制度

◎申立ての範囲内で家庭裁判所が決める「特定の法律行為」が援助の対象
　〜代理してもらう行為、同意・取消権を設定する範囲を柔軟に設定できる〜

◎原則として鑑定は要らず、診断書だけでよいなど、手続きが簡易（16頁参照）

援助の実効性を高めつつ自己決定を尊重する［保佐］制度

同意権と取消権に加え代理権はオプションで

● 「保佐」制度の特徴

「保佐」制度は、判断能力に著しい障害がある人を対象にするもので、保佐人は本人がしようとすることに同意したり（同意権）、同意なく行われた行為を取り消したり（取消権）することで本人を援助していきます。

また、本人が社会生活で様々な経験を積んでいこうとするとき、行動範囲を広げるにあたって、手続等が難しい場面も想定されます。援助する人のバックアップを得て経験を積んでいく方法の一つとして、本人の苦手な契約などの法律行為を援助する人に委ねることも考えられます。そこで本人が必要とする場合には、特定の法律行為に関する「代理権」を保佐人に与えることができます。

● どのような人が利用するの？

法律では次のように定めました。

> 精神上の障害により事理を弁識する
> 能力が著しく不十分である者

具体的には、「利害得失等を判断する能力が失われてはいないものの著しく不十分な人」が対象です。たとえば、日常の買い物などは自分でできるが、不動産の売買などの重要な法律行為を適切に判断し行うことが難しく、本人の利益のために誰かに代わってやってもらったほうがよい、という人が想定されます。

「保佐」制度は以前の「準禁治産」制度に代わる制度です。以前の「準禁治産者」のうち、心神耗弱を理由とする人は、成年後見制度では、被保佐人とみなされます。

● 具体的には、どんな場合？

「保佐」制度の利用には次のようなケースが該当すると考えられるでしょう。

A 認知症の進んだ父が取引被害に遭っているのが心配な場合

父は近所で一人暮らし。時々訪問して、身の回りの世話をしているが、最近認知症が進んで判断力がかなり低下している。

この半年の間に、先物取引をセールスマンに勧められ何度も買わされ、しかもそのことを忘れてしまっている。その都度、間に入ってなんとか取引を中止させてきたが、今後も同様の取引被害に遭わないかが心配だ。

●どんな行為に同意・取消権、代理権をつけられるのか？

(1)民法の定める行為に同意・取消権

本人のほかに5頁に記載した人が家庭裁判所に「保佐」の開始を申し立てることができます。本人が入所する施設が申し立てることはできません。

家庭裁判所が「保佐開始の審判」を行い、「保佐人」が選任されると、民法第13条第1項が定める下記のような行為について、同意・取消権が「保佐人」に与えられます。つまり「補助」と違って、保佐人に与えられる同意・取消権の内容は、基本的に予め法律に定められています。

> 「元本を領収したり、これを利用すること」「借財をしたり他人の保証をすること」「不動産その他重要な財産に関する権利を得たり失ったりする行為をすること」「訴訟を行うこと」「贈与、和解又は仲裁契約をすること」「相続の承認若しくは放棄又は遺産の分割をすること」「贈与若しくは遺言により与えられる財産を拒絶し又は負担のついたこれらを受けること」「新築、改築、増築又は大修繕をすること」「民法602条に規定する期間をこえて賃貸借をすること」「これらの行為を未成年者等の法定代理人としてすること」の10項目

(2)日常生活に関する行為はひとりでできる

自己決定尊重の観点から、「日常生活に関する行為」は本人に委ねられ、保佐人の同意が必要な行為から除かれます。

これによって「日用品の購入のために銀行から少額の預金を下ろす」といった行為は、前述の「元本の領収」に当たるものの、保佐人の同意なく本人が一人で行うことができます。

(3)オプションで同意・取消権の追加や代理権も設定できる

さらに、保佐人に代理してもらいたい法律行為を選んで家庭裁判所に申し立てれば、その申し立ての範囲内で、家庭裁判所は必要性を判断して「特定の法律行為」について代理権を保佐人に認めます。同意・取消権への追加も同様です。

●「保佐」制度における自己決定

「補助」に比べて本人保護の観点が強く、本人以外の者が同意・取消権を保佐人に与える審判の開始を申し立てる場合には、本人の同意を必要としません。しかし、代理権の付与に関する申立ての場合は、本人によるか、あるいは本人の同意が必要です。

●「保佐人」が同意してくれない…

「保佐人」の同意が必要な行為について、本人の利益を害するおそれがないにも関わらず保佐人が同意しないときには、本人からの申立てにより家庭裁判所は、保佐人の同意に代わって「許可」を与えることができます。これは「補助人」の場合も同様です。

保佐制度の特徴

◎利害得失等を判断する能力が著しく不十分な場合に、民法で定める重要な法律行為について「保佐人」に同意・取消権を与える。ただし、日常生活に関する行為は本人が一人でできる。

◎本人の意向をふまえ、申立ての範囲内の特定の法律行為について、「保佐人」に代理権を与えることができる。

本人の権利を守り尊重する[後見]制度

判断能力を欠く人を保護しつつも自己決定を尊重する制度

●「後見」制度の特徴

「後見」制度では、本人がひとりで行った行為は必要により取り消せるとともに、成年後見人が本人を全面的に代理します。ただし、本人を保護しつつも自己決定を尊重するために、後述の「日用品の購入その他日常生活に関する行為」は取消権の対象となりません。

●どのような人が利用するの？

法律では次のように定めました。

> 精神上の障害により事理を弁識する能力を欠く常況にある者

重度の認知症や障害により利害得失等を判断する能力がない状態にある人です。「常況にある」とは、ほとんどの時間においてという意味です。

「後見」を開始するには、申立てをできる人（5頁参照）が家庭裁判所に後見開始の審判を申し立て、家庭裁判所が本人の意思能力について鑑定結果等から審査し、成年後見を開始するかどうかを決定します。

●成年後見人がすべきことは？

本人の生活全般に対して配慮が必要となります。財産に関することは全面的に代理権が与えられ、財産管理のみならず、本人の生活や健康管理について必要な事項（法律行為）にも代理権が及びます。また、本人が行った法律行為が本人にとって不利益な場合には、成年後見人はそれを取り消すことができます。

> 意思決定支援とは、「意思決定支援を踏まえた後見事務のガイドライン」（2020年10月30日　意思決定支援ワーキング・グループ）では、「特定の行為に関し本人の判断能力に課題のある局面において、本人に必要な情報を提供し、本人の意思や考えを引き出すなど、後見人等を含めた本人に関わる支援者らによって行われる、本人が自らの価値観や選好に基づく意思決定をするための活動」とされています。

●具体的には、どんな場合？

「後見」制度の利用には次のようなケースが該当すると考えられるでしょう。

A　認知症高齢者の財産管理に不安がある場合

ひとり暮らしの高齢者が認知症で入院しているが、本人の意思は確認できず、会話は成り立たない状態にある。本人は亡くなった父親の財産（土地やアパート等）を相続しており、その家賃収入と年金収入で暮らしている。本人が入院してからは、弟夫婦が本人の世話や財産管理をしているが、他の兄弟から本人の財産を横取りしているのではないかと不信感を持たれている。本人の財産管理を法的にきちんとさせたい。

B　重度の精神障害者の不動産処分のために必要な場合

精神障害のため、10年前から現在まで精神科病院に入院し治療中であるが、本人には病識が全くなく、病状回復の見込みもほとんどない状態である。治療費捻出等のために本人所有の不動産（土地や家屋）等の財産を処分する必要がある。

C　意識不明の状態にあるものの遺産分割協議が必要な場合

脳梗塞で入院し、手術を受け一命は取りとめたが意識不明で寝たきりの状態である。本人の配偶者が死亡し、遺産分割の手続きが必要となった。

●本人の同意なしでいいの？

「後見」を開始するにあたって、すべての人は意思決定能力があることが推定されるという考えに立ち、意思決定支援を尽くすことが前提とされています。その上で、「後見」を受ける人は自己のために「後見」が必要であるかを正しく判断することができない、または、極めて困難な状況が多いことから、本人を保護する観点において後見開始の審判は本人の同意がなくても行えるものとされています。

●「補助」「保佐」から症状が
進んだら自動的に「後見」になる？

認知症など、判断能力を欠く本人の状態が進むこともあります。しかし、すでに補助人や保佐人がついている本人の状態が重くなっても、それに伴って自動的に「後見」になるということはありません。また、「後見」「保佐」の方の状態が回復しても、裁判所の独自の判断で「補助」に移行してくれることもありません。

このように、すでに審判のおりている「補助」「保佐」「後見」の類型を本人の状態の変化からほかの類型に変更したほうがよいと考えられる場合には、新たに、その類型に応じた審判の申立てをしなおす必要があります。

●本人が行える行為とは？

冒頭で触れたように、後見が開始されても「日用品の購入その他日常生活に関する行為」については本人が行うことができ、成年後見人は取消権を持ちません。食料品や衣服など生活必需品の購入などがこれにあたります。

旧制度ではこの点に関しても取消権がついていましたが、本人の自己決定権への過剰な介入と考えられたからです。

また、婚姻、離婚、認知、養子縁組、離縁などの身分行為や遺言は「一身専属権」といわれ、そもそも本人だけが行使できる権利で

あるため、成年後見人であっても介入できず、代理権・取消権は及びません。

●2014年改正前の精神保健福祉法上の
保護者と成年後見人等の関係は？

「精神保健及び精神障害者福祉に関する法律の一部を改正する法律」が、2014年4月1日施行されました。

この改正により、治療を受けさせる責務や医師への協力義務が課せられる「保護者制度」が廃止されました。これまで、民法上の権限や義務とは別でありながら、後見人または保佐人は自動的に「保護者」であるとされ、医療保護入院にあたっての同意が必ず求められていました。改正後は、配偶者、親権者、扶養義務者、後見人又は保佐人のうちのいずれかの者（該当者がいない場合は市町村長）の同意を得ることが要件となりました。

●「成年後見の事務の円滑化を図るための民法及び家事事件手続法の一部を改正する法律」による改正

2016年4月に「成年後見の事務の円滑化を図るための民法及び家事事件手続法の一部を改正する法律（以下、円滑化法）」が成立し、成年後見人による郵便物の開封の権限や死後事務に関する権限が明確にされました。これにより、成年後見人は家庭裁判所の審判を得て、成年被後見人宛の郵便物の転送を受けられるようになりました。また、成年後見人が成年被後見人の死亡後にも行うことのできる事務の内容や手続として、相続財産に属する特定の財産の保存に必要な行為、相続財産に属する債務の弁済、死体の火葬または埋葬に関する契約、その他相続財産全体の保存に必要な行為が盛り込まれました。なお、円滑化法は「後見」のみが対象となります。

後見制度の特徴

◎利害得失等を判断する能力がない場合に、「成年後見人」に日常生活に必要な行為を除いては取消権を、財産に関するすべての法律行為については代理権を付与
◎日用品の購入のような行為は、成年後見人であっても取り消すことは不可

成年後見人等と成年後見監督人等

後見人等の選任とそのチェック機能として

●成年後見人等の選任は？

法律で定められた申立権者（5頁参照）が後見（保佐・補助）開始の審判を申し立てます。そして家庭裁判所が調査官を中心に十分に調査し、本人の意見を聴き、適任と思われる人を成年後見人等に選びます。申立ての時や審問の時に誰に成年後見人等になってほしいか希望を伝えることもできます。

●成年後見人等の候補者がいないと申立てできないか？

成年後見人等の候補者の記載が必須とはなっておらず、「家庭裁判所に一任」で法定後見の申立てをすることができます。

※専門職団体では、候補者を紹介する相談に応じています。また、東京都内の各区市が設置した推進機関においても候補者の情報提供を行っています。

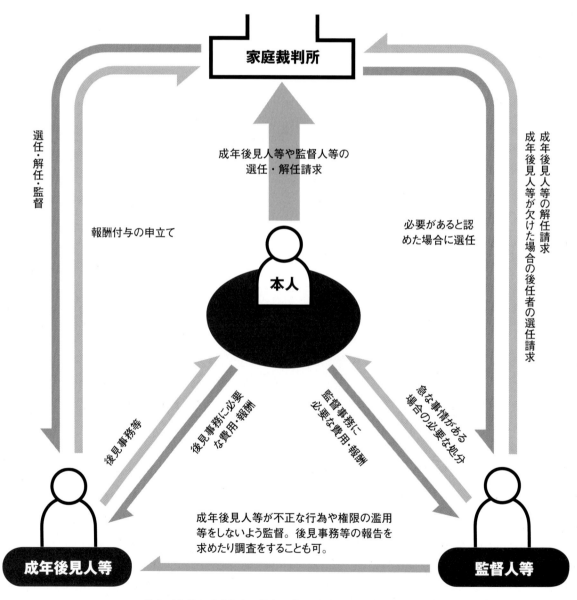

成年後見人等と成年後見監督人等の関係

●成年後見人等になれる人数は？

　本人が遠隔地の施設に入所している場合（入所施設での日常生活に必要な経費支払いと遠方の住所地の財産管理とを行う必要がある場合）や本人所有の財産が何ヶ所かに分散してある場合、財産管理と身上保護それぞれに詳しい専門家を選任する必要がある場合など、複数の成年後見人等を選任することができます。

●法人も成年後見人等になれる？

　成年後見人等には法人も認められており、社会福祉法人等の公益法人を成年後見人等として選任することもできます。ただし、法人を成年後見人等として選任する場合は、その法人と本人との利害関係に特に注意して選任することが必要と考えられます。

●成年後見人等には報酬があるの？

　成年後見人等が適切な後見事務を行った正当な対価として、本人の財産から報酬を付与することができます。この報酬は、一般的には1年などの一定期間の支援を行った後に、成年後見人等の報酬付与申立てにより、家庭裁判所が本人の資力やその間の後見事務の内容を考慮して付与の可否や金額を決定します。なお、東京家庭裁判所では、成年後見人等が通常の後見事務を行った場合の報酬（基本報酬）の目安を月2万円としています。ただし管理する財産額によっては月5～6万円になることもあります。身上保護等に特別困難な事情があった場合には基本報酬以外に、報酬が付加されることがあります。

　また、成年後見人等が事務を遂行するためにかかった費用（たとえば、財産管理のために活動したときの交通費や通信費、本人の生活費・医療費・教育費など）は本人の財産の中から直接支払うことになります。（成年後見監督人等の報酬、事務費も同様です）

●成年後見人等をチェックする人は？

　通常は家庭裁判所が後見人を監督しますが、本人や四親等内の親族、成年後見人等の申立てまたは家庭裁判所の職権で、成年後見人等の監督人を選任することができます。監督人には法人を選任することも可能です。成年後見監督人等は、家庭裁判所が必要と認めた場合のみ選任します。これは本人に対して特にきめ細かい支援が必要と思われる場合などです。

　本人・成年後見人等・成年後見監督人等の関係は左図のようになっています。

●成年後見監督人等は何をするの？

　成年後見監督人等は成年後見人等に定期的な報告や資料の提出を求めるなどして、成年後見人等が適切に職務を行っているかをチェックします。成年後見人等の不正があるときには、成年後見監督人等が成年後見人等の解任を家庭裁判所に申し立てることもできます。本人の財産が正しく管理されているかだけでなく、本人の意思が尊重されているか、心身の状況に応じた配慮がなされているか、などについてもきめ細かく監督していく必要があります。

●もし責務を果たさなかったら？

　成年後見人等に不正な行為があったり、著しく行いが悪いとき、その他後見の事務に適さない事由があるときには成年後見人等は解任されることがあります。解任は、成年後見監督人等、本人、親族もしくは検察官の申立てか、家庭裁判所の職権で行われます。なお、成年後見監督人等についても、解任の規定が準用されています。

●成年後見人等は辞任できるの？

　成年後見人等や成年後見監督人等に選任されると、辞任するには家庭裁判所の許可が必要です。辞任が認められるのは、高齢、遠隔地への転居のため職務が行えなくなった場合など正当な事由がある場合に限られます。つまり成年後見人等や成年後見監督人等は自らの都合で勝手に辞任することはできません。

成年後見制度の利用手続の流れ

手続きの方法とポイント

申立（請求）

- 本人の住所地の家庭裁判所に「申立て（請求）」をします。
- 申立てができる人（申立権者）は、本人、配偶者、四親等以内の親族、検察官、任意後見人、任意後見監督人、区市町村長などです。
- 家庭裁判所では手続や申立てに必要な書類や費用などについて説明する「家事相談」を行っています。
- 申立て後、親族の意向を確認するため、家庭裁判所から本人の親族に対し、照会書が送付されることがあります（同意書の提出がある場合は省略）。

審判手続

調査

- 家庭裁判所調査官が、本人の精神状態の概要、生活状態、資産状況、申立理由、本人の意向、成年後見人等候補者の適格性などを調査します。家庭裁判所は、区市町村などの行政、金融機関などに必要な調査報告を求めることもあります。

鑑定・診断

- 診断書や鑑定は本人の意思能力や障害の程度がどれくらいか、自分の財産を管理したり処分したりする能力がどれくらいか、そうした能力が回復する可能性があるかどうかなどを判断する重要な資料となります。
- ケースによっては鑑定が行われます。鑑定は裁判所に依頼された鑑定人、診断は申立権者が依頼した医師が行います（申立権者は家庭裁判所に鑑定人を「推薦」することができます）。

審問

- 家庭裁判所が本人の精神的な障害の程度、状況を確認し、援助の必要性を判断するために、裁判官が直接本人に会って意見を聴きます。
- 審問は必要に応じて開かれます。審問が開かれない場合は、家庭裁判所調査官が本人の意向などを聴取します。本人の意思を尊重するという制度の趣旨からは、裁判官が審問手続で直接本人の意向を確認することが望まれます。
- 審問は本人にとってどうしたいのか希望や意思を確認する重要な機会でもあります。制度を利用する立場から自分の気持ちを伝えると良いでしょう。
- 制度を利用する立場から、わからないことは遠慮することなく確認することが大切です。混乱してしまったときは、審問の日を変えて何回かに分けてもらうことも良いでしょう。
- 誰に成年後見人等をお願いしたいのか、審問のときにも伝えることができます。

審判

- 申立てについて、申し立てた類型やそれに伴う同意・取消権、代理権を成年後見人等に付与することが適切かどうか、家庭裁判所の判断の結果が出されます。あわせて、誰を成年後見人にするかも決められます。
- 申立てから審判までは、通常のケースでおおよそ1〜2か月くらいかかります（8割近くが2か月以内）。

告知・通知

- 審判については、本人に告知または通知され、成年後見人等として選任される者に告知されます。
- この審判に不服のある人は不服申立て（即時抗告）を行うことができます。2週間を経過しても即時抗告がなければ、審判が確定します。

申立てに必要なもの

1 申立書類（家庭裁判所の窓口、インターネット、
　　　　　　郵送で取得できます）
　◎後見・保佐・補助　開始等申立書
　◎申立事情説明書
　◎親族関係図
　◎本人の財産目録及びその資料
　◎本人の収支予定表及びその資料
　◎親族の意見書
　◎後見人等候補者事情説明書
2 診断書（成年後見制度用）、診断書付票、
　本人情報シート（コピー）
3 本人の戸籍個人事項証明書（戸籍抄本）
　〈本人及び後見人等候補者〉
4 住民票又は戸籍の附票〈本人及び後見人等候補者〉
5 本人が登記されていないことの証明書　＊法務局で発行
6 愛の手帳のコピー（知的障害の方が各種サービスを円滑に受けるための療育手帳。表紙、氏名、
　総合判定の記載のあるページのコピー）
7 費用　＊印紙や切手の種別の指定があります。
　◎収入印紙──3,400円〈①申立手数料800円、②登記手数料2,600円（保佐や補助で、
　　　　　　　　　代理権や同意権の付与の申立てもする場合は、各800円を追加）〉
　◎郵便切手──後見の場合　3,270円
　　　　　　　　　保佐・補助の場合　4,210円
　◎鑑定費用──実費（鑑定を行うことになった場合、家庭裁判所からの連絡のもと、期限まで
　　　　　　　　　に納付）

申 立 書

申立人の住所、氏名、生年月日、
本人との関係

本人の本籍、住民票の住所、
実際に住んでいる場所、
氏名、生年月日

申立ての趣旨

申立ての理由

申立ての動機

成年後見人等候補者

※これは東京家庭裁判所のものです。地域により若干異なります。申立てに必要なものの詳細は、「成年後見申立ての手引き」に掲載されています。「成年後見申立ての手引き」と申立書の書式、記載例は、家庭裁判所で入手できます。また、裁判所のホームページからも入手することができます。

用語解説　本人情報シートとは？

本人を日頃から支援している福祉関係者が、本人の生活状況等に関する情報を記載するためのシートです。医師に本人の生活状況等を客観的に伝えることで、医師が本人の判断能力について医学的な判断をする際の参考資料としたり、裁判所が本人の判断能力や本人に必要な支援を考えたりするための資料として活用されることを想定しています。
本人の身近なところで、職務上の立場から支援されている方によって作成されることが望ましく、主にソーシャルワーカーとして本人の支援に関わっている方によって作成されることが想定されています。

審理を早めるために

後見や保佐の場合には、医師に診断書を書いてもらうときに、併せて鑑定書の作成も依頼できるか確認しておくとよいでしょう。また、親族間に対立があって調整がつかないと審理が長期化するため、親族間の意見を統一しておくとよいでしょう。もちろん提出すべき書類をきちんと整えて裁判所がすぐに手続を進められるようにすることも大切です。

不服申立てについて

不服申立ては後見・保佐・補助開始の審判について行うことができますが、誰を成年後見人等に選任するかという点については申し立てることはできません。

申立てのための医療的な手続

「鑑定」や「診断」とは？

● 「鑑定」で本人の能力を慎重に判断

申立てにあたっては、本人の精神の状態や判断能力について医師に「診断書（成年後見用）」（家庭裁判所指定の様式）を作成してもらい、家庭裁判所に提出します。「後見」や「保佐」の開始を請求するには、この「診断書」とは別に、原則として「鑑定」をするものとされています。「鑑定」とは、本人に判断能力がどの程度あるかを医学的に判定するための手続きで、家庭裁判所が鑑定人（医師）に依頼をする形で行われます。成年後見制度は、本人の利益のためとはいえ、本人の行為能力を制限するものですから、それを判断する上で「鑑定」は重要な資料の一つとなります。ただし、親族からの情報や「診断書」の内容などを総合的に考慮して本人の判断能力を判断できる場合は、「鑑定」が省略されるケースが増えており、最近では実際に鑑定が実施されるのは全体の5％程度となっています。鑑定費用はおおむね10万円以下です。

一方、「補助」制度を利用するのは、判断能力がある程度ある人であり、開始には本人の同意を必要とします。また、本人の行為を制限する範囲も後見や保佐に比べて狭いもので

す。そのため、「補助」の場合には、必ず「鑑定」をしなければならないものとはせず、「診断書」でよいことになっています。なお、「補助」の場合でも、判定が困難なケースなど、必要がある場合には、「鑑定」が求められることもあります。

※東京家庭裁判所指定の診断書様式では、診断書を作成した医師に、鑑定を引き受けることが可能か、また、鑑定費用についての意向などを「診断書付票」に記載してもらうようになっています。

●診断書はかかりつけの内科医に頼んでよいか？

診断書を作成する医師は精神科医に限られていませんから、所定の記載事項を記入できる内科等のかかりつけ医でもかまいません。

●かかりつけ医がいない場合どうしたらよいか？

鑑定医については家庭裁判所に相談してください。診断書は、近くの病院、診療所の医師に頼んでもかまいません。

必要な医療的手続

	診断書	鑑定書
必要な場合	後見・保佐・補助の開始、任意後見（任意後見監督人選任）の申立て時に必要	後見・保佐では原則として鑑定を実施（実際には全体の5％程度実施）
依頼先	医師（申立人が自分で依頼）	鑑定人（裁判所より指定）
費用	鑑定料より低額	おおむね10万円以下
期間	鑑定より短期間	1～2ヶ月
記載される事項例	・診断名と所見 ・判断能力についての意見とその根拠　など	・鑑定経過（本人の診察経過、親族の陳述や入院先の診療録などの参考資料） ・既往症や現病歴 ・日常生活の状況、身体や精神の状態 ・自己の財産を処分、管理する能力についての考察や回復の可能性　など

※「鑑定書」「診断書」の書式、記載ガイドライン、記載例は、最高裁判所家庭局が作成した「作成の手引き」に掲載されており、家庭裁判所で入手できます。また、裁判所のホームページからも入手できます。

身寄りのない方の区市町村長による申立て

成年後見制度を利用しやすく

●身寄りがいない人はどうしたらよい？

身寄りがいない場合に、成年後見制度の利用を申し立てるには、本人が申し立てる方法と、本人に代わって区市町村の首長が申し立てる方法があります。

本人が自ら申し立てるために、手続を知りたいという場合は、家庭裁判所から必要な書類を手に入れることができます。

しかし、身寄りのない人が、自分で手続をすることは難しいことが多いと想定されます。こういった場合にも、成年後見制度を利用できるよう、区市町村長に申立権が認められています（老人福祉法、知的障害者福祉法、精神保健及び精神障害者福祉法の中に規定）。区市町村長が申立人になる場合として想定されるのは、本人のために成年後見制度の利用が必要であるにもかかわらず、申立てをすることのできる親族等がいない、あるいは、親族が申し立てようとしない場合です。

ただし、区市町村長による申立ての件数は年々増加しているものの、今のところ地域によって件数にばらつきのあるのが実状です。

●親族以外の成年後見人等の選任

成年後見人等は家庭裁判所が職権で選任します。申立時に成年後見人候補者を立てることも可能です。ただし、その候補者を選任するかどうかは家庭裁判所が決めます。

制度ができた2000年度は、親族が成年後見人等に選任される場合が9割以上でした。しかし、親族以外の第三者が選任される割合が年々増加しており、最高裁判所の統計によると、2020年には親族が選任される割合が全体の2割を切りました。

成年後見人等候補者がいない場合は、弁護士会等の成年後見人等候補者の確保に取り組んでいる団体が推薦する成年後見人等を選任するか、あるいは法人の成年後見人等を選任することになるでしょう。また、東京都内では各区市が設置した成年後見制度推進機関に登録する「社会貢献型後見人」（市民後見人）が選任されることもあります。（29頁参照）

成年後見人等の確保に取り組んでいる団体にあらかじめ成年後見人候補者を紹介してもらうこともできますので、各団体に相談すると良いでしょう。

成年後見人等の確保に取り組んでいる団体（東京）

東京弁護士会
第一東京弁護士会
第二東京弁護士会
東京司法書士会
東京社会福祉士会
家庭問題情報センター　　など

※都内では2005年から都民を成年後見人として養成する事業が行われています。

●申立費用や成年後見人等への報酬の助成をする制度はありますか？

「成年後見制度利用支援事業」という申立費用や成年後見人等への報酬を助成する事業があります。この事業は高齢者については「介護保険法」に、精神障害者と知的障害者については「障害者総合支援法」に基づいた事業です。しかし、必ずしもこの事業はすべての自治体で実施しているわけではありません。

判断能力が衰えたときに向けてあらかじめ備える制度
依頼内容を決めておける「任意後見」制度

●任意後見制度はどんな制度？

「任意後見制度」は、判断能力のある時点で、判断能力が衰えてきたときにどのような援助を受けるかあらかじめ任意に決めておきたいという気持ち、すなわち「自分のことは自分で決める」権利を尊重した制度です。依頼する内容も任意後見人を誰にするかも予め本人の意思で決めることができることから「任意後見制度」と呼ばれます。

任意後見人には同意・取消権はなく、代理権のみが与えられる点で、法定後見制度とは異なっています。

●委任する内容はどんなこと？

任意後見契約は、定められた様式の公正証書で締結し、予め「後見登記制度」（20頁参照）によって登記していなければなりません。これは、本人が真に望んでいる契約を明確にし、代理権の範囲をはっきりさせるためです。

委任する内容は希望に応じて契約で自由に設定できます。たとえば、財産管理に関する事務として「預貯金の管理・入出金」「不動産の売買」「賃貸借契約の締結・解除」などが、生活や療養に関する事務としては、「介護・福祉サービス契約」「施設入所契約」「医療契約の締結」などがあげられます。

●いつから開始するの？

任意後見は、契約を締結した時点で開始されるものではありません。本人の判断能力が低下し任意後見が必要な状況になった時に、申立てをできる立場の人（右頁参照）が任意後見監督人の選任を家庭裁判所に申し立て、家庭裁判所がその選任を行って初めて任意後見が開始されます。よって、本人の判断能力が低下した時に、確実に申立てを行ってもらえるようにしておくことが大切です。

任意後見人は、任意後見監督人の下で委任事務を行い、契約を履行します。

任意後見と法定後見の併用はできません。自己決定を尊重する理念から原則として任意後見は法定後見に優先します。

●任意後見監督人の責務は？

任意後見制度では法定後見と違って、任意後見人に対する家庭裁判所の解任権はあるものの、任意後見人に対する直接の監督規定はありません。そのため任意後見監督人の役割は重要です。

任意後見監督人は任意後見人の事務を監督し、家庭裁判所に定期的に報告を行うなど、本人の立場に立って後見事務を監督します。

●任意後見人の報酬と任意後見監督人の報酬はどう決まるの？

任意後見人の報酬額は、本人と任意後見人（候補者）との間であらかじめ合意し、任意後見契約において決めておきます。

任意後見監督人の報酬は、家庭裁判所が審判によって決定します。また、任意後見監督人が事務の遂行にかかった費用（実費）も本人の財産の中から払うことになります。

●任意後見契約の実際の利用パターン

「移行型」、「即効型」、「将来型」の3つがあります。

◆移行型◆判断能力があるうちから必要な事務を任意後見受任者にお願いしておきたい場合は、任意後見契約と同時に通常の委任契約

も結びます。つまり判断能力低下前の事務は委任契約によって行い、判断能力低下後の事務は任意後見監督人の監督のもと任意後見契約によって行うというものです。このように、委任契約から任意後見契約に移行する形態は「移行型」と呼ばれています。

◆**即効型**◆本人の判断能力が多少低下していても（おおよそ法定後見でいう補助くらい）任意後見契約の締結能力があれば契約は可能です。そのような場合、任意後見契約締結後すぐに本人や受任者の申立てにより任意後見監督人を選任し、任意後見契約を開始することができます。このような形態は契約締結後すぐに任意後見契約を開始することから「即効型」と呼ばれています。

◆**将来型**◆これらに対して、本人の判断能力が十分にあるうちに契約しておくものの、判断能力があるうちは任意後見受任者に事務等をお願いする必要がなく、判断能力が低下した時点で任意後見契約の効力が発生されることで足りる場合もあるでしょう。これは「将来型」と呼ばれます。

◆**死後事務**◆これらに加え、死後の事務（葬儀や埋葬や永代供養の手配など）を任意後見人に頼みたいというような場合があります。そのような場合には、任意後見契約には該当しませんが、任意後見契約と一緒に死後の事務を契約で委任しておくこともできます。

任意後見制度の流れ

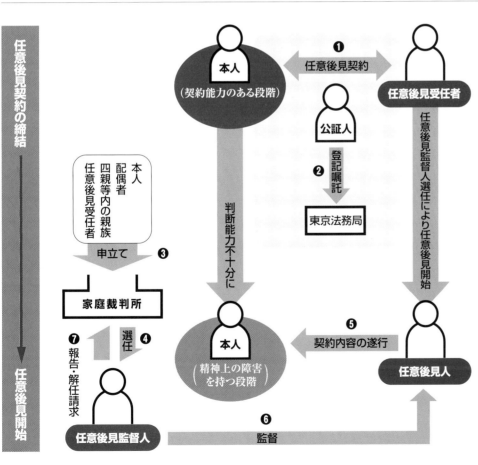

❶本人と任意後見受任者との間で公正証書により契約を締結

❷公証人が東京法務局に対して任意後見登記の嘱託（依頼）をする

本人が精神上の障害により判断能力が十分でない状況となった時

❸本人、配偶者、四親等内の親族または任意後見受任者が、家庭裁判所に任意後見監督人の選任を申し立てる（任意後見受任者の配偶者、直系血族、兄弟姉妹は任意後見監督人にはなれない）

❹家庭裁判所が任意後見監督人を選任し（可能な限り本人の同意が必要）、任意後見受任者は任意後見人となる（監督人の選任以前であれば任意後見契約の解除は可。ただし、公証人の認証を受けた書面で解除する。選任後は正当な事由があり、かつ家庭裁判所の許可がある場合のみ可能）

❺任意後見人は委任業務を遂行する

❻任意後見監督人は監督を行う

❼任意後見監督人は任意後見人の解任を請求することができる

成年後見登記制度

個人情報の保護と取引の安全性との調和を図って

●成年後見登記制度とは？

この制度は、成年後見制度を利用している方それぞれの後見等の内容（成年後見人等の権限、任意後見契約の内容など）を、公的機関である東京法務局に登記しておき、その内容を公的な証明書（登記事項証明書）を発行することで証明する制度です。この登記制度によって、戸籍に成年被後見人等であることが記載されなくなりました。

●どんなときに使うの？

たとえば成年後見人等が本人に代わって財産の売買、介護サービスの提供契約などを結ぶときに、取引相手に対し「登記事項証明書」を提示してその権限を確認してもらうといった利用方法が考えられます。また、成年後見を受けていない方が、自身が登記されていないことの証明書を交付してもらうこともできます。

●具体的な登記内容は？

法定後見の場合

補助・保佐・後見の別、審判した裁判所、審判の確定日、本人の氏名・生年月日・住所・本籍、成年後見人等の氏名・住所、補助人・保佐人の同意を要する事項・代理権の範囲、成年後見監督人等の氏名・住所、法定後見の終了など

任意後見の場合

任意後見契約の公正証書の作成日、本人の氏名・生年月日・住所・本籍、任意後見人の氏名・住所、任意後見監督人の選任審判の確定日、任意後見の終了など

●登記事項証明書交付の HOW TO

誰が？（証明書の交付請求ができる人）

本人、補助人・保佐人・成年後見人、補助監督人・保佐監督人・成年後見監督人、任意後見受任者・任意後見人、任意後見監督人、本人の配偶者、四親等内の親族

※本人のプライバシー保護と取引の安全性との調和を図る観点から、請求できる者の範囲が決められています。取引相手であっても請求できません。

どうやって？（交付請求の方法）

交付請求用紙を下記の取り寄せ先から入手して、請求者の氏名や生年月日、資格（本人との関係）などを記入し、収入印紙（手数料）を貼って請求します。

窓口での証明書交付は、東京法務局後見登録課及び東京法務局以外の各法務局・地方法務局戸籍課で行っています。

郵送で証明書を請求するときは、返信用の封筒（宛先を書き切手を貼ったもの）を交付請求用紙と一緒に送ります。送付先は東京法務局後見登録課です。

※請求する人により添付書類が必要です。
※オンライン申請システムで請求する方法もあります。詳しいことは法務省ホームページをご覧ください。

取り寄せ先（巻末を参照）

最寄の法務局・地方法務局
登記情報提供サービス
法務省ホームページ

印紙代

登記事項証明書
1通……550円

登記されていないことの証明書
1通……300円

福祉サービスの利用を支援するために

成年後見制度と関連制度

介護保険制度や障害者総合支援法においてサービスを受ける利用者はサービス提供事業者と契約することになります。契約を交わすには、情報を収集し、理解し、サービスを選択しなければなりません。

また、事業者と契約する前にも、介護保険ならば利用の申請、要介護認定、ケアプランの作成など、また障害者総合支援法においても利用申請や障害程度区分の判定、利用意向の聴取など、自己決定による判断が求められる場面が多くあります。

そのため、判断能力の十分でない方々がサービスを利用するには、成年後見制度や日常生活自立支援事業（1999年10月「地域福祉権利擁護事業」の名称で全国一斉に開始・2007年より同名称）などによる適切な支援が必要です。

●いわゆる財産保全サービスと任意後見契約との関係は？

自治体や社会福祉協議会などが預貯金証書や権利証などを預かる財産保全サービスがあります。また、日常生活自立支援事業でも日常的な金銭管理や書類預かりサービスがあります。これらは、委任契約ないし寄託契約によって行われています。

これに対し、任意後見契約は、任意後見契約法に基づく特殊な委任契約です。任意後見契約を行うことによって、財産保全サービスの契約に影響がでたり、契約をすることができなくなるわけではありません。

●介護保険制度・障害者総合支援法における成年後見人等と任意後見人の役割は？

（1）成年後見人等の場合

「補助」「保佐」制度における補助人・保佐人に対しても本人の「生活・療養看護に関する事務」について代理権を与えることができます。そのため、代理権の範囲に介護保険や障害者総合支援法に関する事項が定められていれば、補助人・保佐人が介護保険や障害者総合支援法による適切なサービス提供を受けるための一連の手続きを行うことができます。

「後見」制度における成年後見人は、財産管理に関する事務のほか、本人の「生活・療養看護に関する事務」を行います。したがって、介護保険や障害者総合支援法に基づく適切なサービス提供を受けるための手続きは、成年後見人の職務に含まれるものと解釈されています。

具体的には、介護保険ならば、要介護認定の申請、審査請求、ケアプランの作成依頼、介護支援契約の締結、介護サービス契約の締結、履行の確認、苦情の申立てなどが考えられます。また、障害者総合支援法においても、サービス利用申請、審査請求、サービス利用意向の聴取、サービス利用計画の依頼、サービス契約の締結、利用料の支払い、履行の確認、苦情の申立てなどが成年後見人の職務といえます。

（2）任意後見人の場合

介護保険や障害者総合支援法に関する事務を「任意後見人」に委任する場合は、受任の範囲で法定後見の場合と同様、一連の手続きは職務として行うことができると考えられます。

用語解説

委任契約と寄託契約

委任契約は、法律行為をなすことを他人に委託し、承諾することによって成立する様式を問わない契約であるが、寄託契約は、委託される事務の内容が物の保管に限定されている点が特徴である。

●成年後見制度と
日常生活自立支援事業との関係は？

（1）日常生活自立支援事業
（福祉サービス利用援助事業）

日常生活自立支援事業では、社会福祉協議会等がサービス利用者との契約（委任契約）に基づいて、生活支援員を派遣し、相談・助言、情報提供、連絡調整、同行、代行、代理（小口現金の払い戻し等に限定）によって、福祉サービスの利用を援助するほか、日常的な金銭管理、通帳等の大切な書類を預かったりします。（下図を参照）

この事業は、判断能力が十分でない方を対象としているため、サービスの説明に時間をかけて繰り返し行ったり、契約書等をわかりやすい言葉で作成するなどの工夫をしています。

その上で、契約の内容や意味を理解できる判断能力や契約締結についての意思が利用者にあるかどうか確認することが重要となります。

（2）両制度の連携

前述のような工夫を行っても利用者の判断能力が十分でないため日常生活自立支援事業の契約の内容を理解できない場合や、希望する援助内容が重要な法律行為や身上保護であり、日常生活自立支援事業の支援の範囲を超えているような場合には、成年後見制度の利用が必要となります。

その際、本人や家族による申立てが難しい場合には、行政が申立てのできる親族の調査を行う、または、区市町村長による申立てを促すことが考えられます。

施設入所が必要な場合、日常生活自立支援事業では、代理権による入所契約は行えないので、成年後見等開始の審判まで間に合わない場合は、行政が措置により対応することもあります。

また、成年後見人等が日常生活自立支援事業の契約の代理権を有している場合には、成年後見人等との間で日常生活自立支援事業の契約が締結できることとなっています。ただし東京においては日常生活自立支援事業の支援が必要不可欠な場合を基本とし、契約締結審査会で成年後見人等との契約の可否などについて審査することとしています。

成年後見制度、日常生活自立支援事業とも判断能力が十分でない方を支援するものであり、本人にとって適切な制度利用ができるよう、

東京における日常生活自立支援事業の内容

サービスの種類	サービスの詳しい内容	方法
（1） 福祉サービスの利用援助	①福祉サービスを利用し、または利用をやめるために必要な手続 ②福祉サービスの利用料を支払う手続 ③福祉サービスについての苦情解決制度を利用する手続	1. 相談・助言、情報提供 2. 連絡調整 3. 同行 4. 代行 利用者が作成した書類を届けたり、利用者から預かった現金を持参して医療費の支払いなどを行う。 5. 代理 本人に代わって第三者が法律行為を行うこと。ただし、本事業においては、本人が指定した金融機関口座の払い戻し等を行うことに限定している。
（2） 日常的金銭管理サービス	①年金及び福祉手当の受領に必要な手続 ②医療費を支払う手続 ③税金や社会保険料、公共料金を支払う手続 ④日用品等の代金を支払う手続 ⑤①～④の支払いに伴う預金の払戻し、預金の解約、預金の預入れの手続	
（3） 書類等預かりサービス	保管できる書類等 ①年金証書、②預貯金の通帳、③権利証 ④契約書類、⑤保険証書、⑥実印・銀行印 ⑦その他、実施主体が適当と認めた書類	

※（1）を基本サービスにして、利用者の希望と状況にあわせて（2）（3）を利用することができます。利用の際は利用料がかかります。

支援する関係機関等の連携が求められることはいうまでもありません。

（3）東京都における「成年後見活用あんしん生活創造事業」の展開

　東京都は、成年後見制度の利用促進のために、2002年より「福祉サービス総合支援事業」を、2005年より「成年後見活用あんしん生活創造事業」を始めています。

　「成年後見活用あんしん生活創造事業」は、成年後見制度を活用することにより本人が地域で安心して生活できるよう、利用者支援の取組みを区市町村ごとに成年後見制度推進機関を設置し、進めるものです。具体的には、成年後見人等やこれから後見人になろうとする人への相談等の支援、地域において弁護士等の専門家を含むネットワークの構築などを推進機関において実施しています。推進機関は2022年12月現在、島しょ部を除きほぼすべての区市町村に設置されていますが、東京都では町村部を含めすべての区市町村で成年後見制度の利用支援ができるよう事業を展開しています。

　また、東京都では「社会貢献型後見人（市民後見人）の養成」を進めています。この事業の目的は、成年後見制度を必要とする誰もが適切な後見人を得ることができるようにするため、後見業務を担う意欲のある都民等を研修や実習等により養成し、専門職や親族以外に後見業務を担える後見人候補者の裾野を広げるとともに、地域において広く権利擁護の担い手として活躍できるようにすることにあります。養成された後見人候補者は推進機関に登録した上で、適切なケースがあったときに、区市町村の推薦を受けて、家庭裁判所の選任を受けます。なお、社会貢献型後見人の養成は、2015年度以降、各区市町村が実施しています。選任された後見人は、推進機関のサポートを受けながら、後見人としての活動に取り組んでいくことになります。

　権利擁護支援のニーズの顕在化や、認知症高齢者の増加等により、後見人等の担い手の確保・育成等の重要性は増しています。判断能力が不十分な本人の意思、特性、生活状況等に合わせて適切な後見人等を選任・交代できるようにするためには、多様な主体が後見事務等の担い手として存在している必要があり、最近の動向として市民後見人の育成・活躍、法人後見等の推進が目指されています。

本人の生活ニーズと成年後見制度、地域福祉権利擁護事業の関係

生活ニーズ ＼ 制度	成年後見制度		地域福祉権利擁護事業（委任契約）
	同意・取消権が付与される範囲	代理権が付与される範囲	
日用品の購入など日常生活に関する行為 ●食料品や被服の購入のための金銭管理 ●預金通帳や銀行印の保管 ●年金の受領　など		〈対象になりうる〉	相談・助言・情報提供が基本
生活や療養看護に関する事務 ●介護保険サービスの利用契約 ●病院入院契約　など			一部対象
重要な財産行為 ●不動産の処分 ●遺産分割　など			

こんなときに成年後見制度

成年後見制度活用事例

事例❶ 親亡き後の生活のために

　Aさん（52歳）は、知的障害があり、自分の身の回りのことや簡単な家事や買い物はできますが、お金や書類の管理や手続がうまくできないため、母親とずっと一緒に生活してきました。普段は作業所に通っています。Aさんの父親はすでに亡くなっていますが、Aさんの将来のことを考えて預金と自宅の土地と建物を残してくれました。今はAさんと母親の年金で二人が生活しています。Aさんに兄弟は無く、年賀状をやりとりするくらいのつきあいのいとこ以外は親族との交流はありません。あるとき、Aさんの母親が急病により、亡くなってしまいました。Aさんの生活が成り立たなくなり、作業所の職員が役所の障害福祉課に相談しました。

　自宅での一人暮らしを続けることを希望するAさんのために、Aさんの相続手続や自宅や預金の管理などが適切になされるよう成年後見制度を利用することにしました。そこでAさんのいとこに申立人になってもらいましたが、申立書類の作成は司法書士に依頼し、あわせて保佐人候補者となってもらいました。審判の結果、Aさんの保佐人としてその司法書士が決定しました。

成年後見制度活用のポイント

（1）生涯の支援者を得る

　母親が亡くなってからもAさんの生活は長く続きます。その間、日常の生活だけでなく、様々なことが起こると思われますが、Aさん側に立ってくれる支援者が常に存在することはAさんにとってとても心強いことです。

（2）親あるうちの成年後見

　知的障害者や精神障害者の親が亡くなったり、親自身が認知症等により支援できなくなって、成年後見制度の利用に結びつくことはよくあります。しかし、親自身も自分が亡くなった後の子どもの生活や将来を心配し続けていること、本人にとっても親が亡くなってからの急激な生活の変化とともに新たな支援者として成年後見人等を受け入れることは、かなりの負担となると思われます。成年後見人等に報酬を支払う負担を考慮しつつ、少し早めに本人に合う成年後見人等を決めることができると、本人とその親の負担は軽くなると思われます。

事例❷ 自己決定を尊重した成年後見制度の活用

Bさん（34歳）は双極性障害（そううつ病）があり、数年前から通院しています。Bさんは調子の良いときだけアルバイトで働き収入を得ており、年金と預金を合わせてひとりで生活しています。両親は仕事の関係で遠方に住んでおり、Bさんの姉は隣の市に住んでいます。数か月前に仕事で無理をし、服薬管理がうまくできず、病状が悪化して、通販で支払いができないほどの買い物をしてしまいました。病状が落ち着いてきた今、支払督促の通知が届き、困っています。今回の件でBさん自身も自覚して、「お金の管理を誰かに手伝って欲しい」と思うようになりました。

主治医に相談し、成年後見制度のことを知って、地域の権利擁護センターに姉とともに相談に行きました。姉は、Bさんの見守りはできるが、Bさんの通販の返済の関連手続、家庭裁判所への報告書の作成などはできないということです。Bさん自身は「普段は自分で生活できるけれど、今回のように、病状のよくない時はうまく対処できないので、お金の管理に自信が無い」ということです。これらを考慮し、Bさん自身が納得し、Bさんに必要な支援のみを設定できる「補助」類型で申立てをすることにしました。そして、姉にとって負担な部分を分担してもらえるように、Bさんの障害にも理解のある社会福祉士と姉の複数後見という形をとることにしました。

Bさん自身が成年後見制度を利用すると決めたので、社会福祉士と相談しながら、自分で申立てすることにしました。

成年後見制度活用のポイント

（1）本人の意思による補助の活用

補助類型は、同意・取消権、代理権を本人が同意して、必要な部分だけ設定することができ、過不足ない支援の形をつくることができます。本人の自己決定をできる限り尊重する視点から、補助類型を積極的に活用することも一つの方法といえます。

（2）複数後見の活用

Bさんの事例のように、親族と専門家、分野の異なる専門家同士などで成年後見業務を分担したり、共同したりすることができます。成年後見人等が複数いることのメリットは、それぞれの後見人の特徴を活かして後見業務を分担・共同できることと、一方の成年後見人等に業務を継続できない事情が起こったときにも、本人への支援が途絶えることを防げることです。デメリットとしては、後見人の間で意見対立があるときに、後見業務が滞る可能性があることです。そうした事態を防ぐため、家庭裁判所で、複数の後見人間の分担や共同の方法などを予め調整してくれます。

事例❸ 権利侵害への対応策として

Ｃさん（72歳）は、数年前に妻が亡くなり一人暮らしをしています。Ｃさんの一人息子はずっと音信不通でしたが、妻の葬儀のときに20年ぶりに現れ、その後時々Ｃさんからお金を無心していました。数か月前、Ｃさんの年金が入る預金通帳等を息子が持ち出してしまい、その後家賃や公共料金等が滞納されるようになりました。

また、Ｃさんの家に不審な人が出入りしているという相談を受けた民生委員がＣさん宅を訪問してみると、浄水器や布団を訪問販売で購入したり、不必要なリフォーム契約を交わしたりしていました。Ｃさんには払いきれない金額でしたが、訪問販売員がＣさんを連れて消費者金融等から借金をしに行ったようで、支払督促の通知が複数届いていました。

Ｃさん自身はこうした状況について、説明されると困ったことだと認識しますが、すぐに忘れてしまいます。消費者金融からの借金についても理解していませんでした。

民生委員の報告を受けた地域の社会福祉協議会では、法律相談員の弁護士に相談し、成年後見制度を利用するとともに、早急に年金の受領口座を変更する支援を行うことにしました。訪問販売被害や消費者金融からの借金への対応は後見人に依頼することとしました。Ｃさんは親族との交流はないので、弁護士を後見人候補者とし、「後見」類型で首長申立てをしました。また、福祉サービスの利用がなかったＣさんでしたが、地域包括支援センターとも連携し、ホームヘルパーの利用やグループホーム入所の検討など、介護保険サービスの利用を勧めたり、社会福祉協議会により見守りのネットワークを組んだりしました。

成年後見制度活用のポイント

（１）財産侵害への対応

Ｃさんの場合、息子と訪問販売員の両者から財産侵害を受けていましたが、認知症によりＣさん自身が現状をきちんと認識することは困難でした。そこで、今後の財産侵害の予防のためとこれまでの侵害への権利回復のため、成年後見制度を利用することにしました。ただし、息子による財産侵害については、これまでのＣさんと息子との関係性についても配慮する必要があり、Ｃさん自身に息子のことをどう思っていて、今後の息子との関係をどうしていきたいのか、よく確認し、その意思をできる限り尊重した支援が望まれます。

（２）地域ネットワークの活用

Ｃさんは、要介護状態ではなかったため、民生委員が問題を発見するまで、福祉サービスの利用もなく、近くに交流している知人等もなく、孤立した状態で生活するうちに、認知症が進んできたようでした。しかし、Ｃさんを心配してくれる近所の人がいたことが幸いし、問題解決に向けて関係機関が動きだしました。地域で一人暮らしを続けている上では同様の権利侵害を受ける可能性もあるため、継続した見守りが必要となりますが、成年後見人だけでは見守りにも限界があります。そこで、社会福祉協議会による働きかけで、発見してくれた近所の人や民生委員を含む地域の人たちの協力も得て、見守りネットワークを組んでいくこともひとつの方法と言えます。もちろん、ヘルパー等の支援の際も、Ｃさんが権利侵害を受けていないかどうか常に意識した対応が求められるでしょう。

成年後見制度に関するQ&A

成年後見制度のよりよい理解のために

Q 「身上保護」って何？

成年後見制度では、「財産管理」と「身上保護」が後見人業務の大きな柱となっています。つまり、単に財産を管理するだけではなく、本人の生活を支えることが基本であり、そのために財産も活用するという視点が大切です。「身上保護」の内容に関しては、一般的には次のように考えられています。

まず、医療、福祉サービス、生活の維持に関連する事項、施設の入退所、住居の確保、リハビリ等の本人の身上に関するすべての行為に関する契約を結ぶ等の「法律行為」が含まれます。しかし、契約を結ぶという法律行為のためには、契約を結ぶための準備、費用の支払い、契約がきちんと行われているかどうかの監視などが必要となります。

たとえば、施設への入所の契約を行う際、施設入所の前に様々な施設の情報を集めなければなりません。そして、本人の状況や嗜好、意思等を考慮して施設を選択することになります。施設と契約した後も、費用の支払いや定期訪問により、支援が適切に行われているかどうかの見守り・監視が必要になります。場合によっては苦情の申立ても必要になるでしょう。

このように、様々な行為が積み重なって法律行為が可能になるため、法律行為の周辺にある行為も「身上保護」に含まれると解釈されています。

Q 成年後見人等が決まる前の財産管理は？

成年後見等の審判の申立てを行っても、審判がおりるまでに緊急に施設入所契約や財産管理が必要である場合があります。そのような場合には、「審判前の保全処分」を活用することが考えられます。

これは、正式に成年後見を開始するまでの間、家庭裁判所が本人の財産を臨時に管理する人（財産管理者）を選任したり、家庭裁判所が本人の財産の管理や本人の身上保護に関して必要な指示をしたりするものです。また、本人の財産保全のために特に必要がある場合には、家庭裁判所は財産管理人に取消権や同意権をつけることができます（後見等命令）。

審判前の保全処分を申立てできるのは後見開始等の審判の申立人です。また、申立てがなくても家庭裁判所が職権で命令する場合もあります。

ただし、審判前の保全処分の申立てをしてから発令までは短縮化されているとはいえ一定の時間はかかりますので、この間の問題は残されることになります。

Q 申立費用を本人に負担してもらう方法はある？

申立費用は原則申立人の負担になります。ただし、「特別の事情」がある場合には、家庭裁判所は、申立人以外の関係人（本人を含む）に手続き費用の全部又は一部の負担を命じることができることになっています。

「特別の事情」とは、申立人に費用負担をさせることが公平の観点から適切ではない状況だと解釈されています。たとえば、本人に相当の財産がある場合や、区市町村長申立ての場合などです。

実際には、家庭裁判所にこの命令を出してもらうように申し出て、それに基づいて家庭裁判所が個別に判断することになります。

なお、東京家庭裁判所では、成年後見制度に関する手続きを行うことは本人保護となり、本人の利益になると考えられることから、申立手数料、後見登記手数料、送達・送付費用及び鑑定費用については、基本的に本人負担とする運用がなされています。

Q 成年後見人等はどのような基準で選ばれるの？また成年後見人等になれない人もいる？

民法では、成年後見人等を選ぶ際、家庭裁判所が考慮すべき事情として次のようなことをあげています。
①本人の心身状態、生活・財産の状況
②成年後見人等となる人の職業、経歴（法人であるときは、事業の種類、内容）
③本人と成年後見人等になる人との利害関係の有無（法人であるときは、その法人および代表者との利害関係の有無）
④本人の意見
⑤その他一切の事情

ただし、次のような人は成年後見人等になることはできません。
①未成年者
②過去に成年後見人等や相続管理人等を解任されたことがある人
③破産者
④本人に対して訴訟をしている人、又は過去にした人、その配偶者、直系血族
⑤行方不明者

家庭裁判所は、このような事情を考慮して、適任者を選ぶことになります。

家庭裁判所は、成年後見等の審判の申立時に具体的な候補者があげられている場合は、まずこの候補者の適否を判断します。しかし、必ずしもその候補者を選ぶというわけではありません。また、候補者をあげないで申立てをすることもできます。

Q 精神の状態が変化したら、審判を取り消せる？

もしも、本人の判断能力が回復して、後見、保佐及び補助開始の原因が消滅したときには、本人、配偶者、四親等内の親族、後見人等は、「開始の審判の取消し」を申し立てることができます。本人の心身の状況が各類型の要件に該当しなくなったとき、たとえば、「補助」では、精神上の障害が治癒した場合です。逆に悪化した場合は「後見」や「保佐」の申立てをすることが望まれます。

取消しの申立て（診断書を添付）をすると、調査、審問等の手続が、(場合によってはさらに鑑定も)行われます。その期間はケースバイケースで、「開始」を請求するときと同様に、手数料等が必要になります。

Q 後見制度支援信託とはどんな制度ですか

本人の財産の一部を預貯金として親族後見人が管理し、日常生活では使用しない金銭を信託銀行等に信託する制度です。東京家庭裁判所では流動資産が500万円以上ある場合は信託利用の検討対象となります。家庭裁判所が信託利用を検討すべきだと判断した場合には、専門職後見人が選任され、専門職後見人が信託利用の適否を判断します。後見利用信託の利用が適していると専門職後見人が判断した場合は、家庭裁判所へ「信託契約する旨の報告書」を提出し、信託銀行と契約締結します。一方、利用が適さないと判断した場合は、家庭裁判所はその意見をきいて再検討します。信託の契約後、専門職後見人は辞任し、管理していた本人の財産を親族後見人へ引き継ぎます。親族後見人が信託した財産を払い戻したり、信託契約を解約する際には、家庭裁判所が発行する指示書が必要です。また、信託契約において、定期的に一定額を後見人が管理する口座へ移すよう取り決めておくこともできます。

なお、この仕組みは後見類型のみが対象で、保佐・補助・任意後見は対象外です。

成年後見制度を利用はしたいけれど

成年後見制度利用上の課題と審判後の課題

●利用するには敷居が高い?

（1）身近な相談窓口

成年後見制度の利用申立ては、都内では東京家庭裁判所、及び立川支部の2か所になります。相談窓口としてはそれ以外に、社会福祉協議会等に2005年から「東京都成年後見活用あんしん生活創造事業」により、各区市町村ごとに「成年後見制度推進機関」の設置を進めてきています。また高齢者については地域包括支援センターで相談ができます。

（2）申立人の「四親等以内の親族がいない」「いても申立てをしてくれない」

こうした場合のために、区市町村長も申立人になることができます。ただ、地域により活用される状況が違うので、確認が必要です。

（3）申立て費用や後見報酬の負担が大きい

申立て費用は、鑑定料を含めて約11万円かかり、それは申立人の大きな負担となっています。そのため申立人になることを拒否されてしまうこともあります。

また、後見報酬については、成年後見人等から「報酬付与申立て」により、家庭裁判所が本人の財産状況を勘案して報酬額を決めます。ただし、親族が成年後見人等になる場合には、報酬付与申立てをしないことも多いようです。低所得者の場合は報酬を払うことが難しいため、制度の利用そのものをあきらめてしまう場合があります。

こうしたことから、区市町村によっては、国の成年後見制度利用支援事業等により、申立費用や後見報酬の助成を行っているところもあります。（17頁参照）

（4）成年後見人等の候補者が見つからない

本人の親族等が成年後見人等を担うことは、後見業務の手間と責任の重さ、本人との関係性から難しい場合もあります。しかし、第三者に引き受けてもらおうとしても適当な候補者が見当たらない場合もあります。その時は、候補者がいなくても申立ては可能で、家庭裁判所で探して決定してくれますが、一般的には候補者を推薦し申立てする場合に比べ時間がかかる傾向にあります。

都内では、2005年から、前述の「東京都成年後見活用あんしん生活創造事業」により候補者の紹介を行っている他、社会貢献型後見人の養成を進めています。

●成年後見人等は決まったけれど

（1）被成年後見人等の資格制限（欠格条項）の廃止

「成年被後見人等の権利の制限に係る措置の適正化等を図るための関係法律の整備に関する法律（2019年6月7日成立）」並びに「『会社法の一部を改正する法律』及び『会社法の一部を改正する法律の施行に伴う関係法律の整備等に関する法律』（2019年12月4日成立）」により、これまでは成年被後見人、被保佐人になると、弁護士、税理士、医師、建築士、社会福祉士、教員等の専門的資格や法人の役員の地位を一律に失っていましたが、被後見人等であることを理由に不当に差別されないよう、資格・職種・営業許可等に必要な能力の有無を個別的・実質的に審査し、判断されることに改正されました。

（2）成年後見人等への支援体制

成年後見人等は本人のために、本人に代わって契約を交わしたり、本人の財産から必要な支払いを行うことなどができる場合が多くあります。そのため、本人に関わる支援者は成年後見人等が決定すると、安心して支援の手を引いてしまいがちです。しかし、成年後見人等だけで本人の生活のすべてを支えることは不可能です。成年後見人等も支援者のメンバーの一人として手を組み、よりよい支援を継続していくスタンスが重要と言えます。

（3）本来業務以外には

医療行為への同意、身元引受・身元保証、本人死亡後の葬儀などは、成年後見人等の業務ではありませんが、本人に身寄りのない場合は特に、周囲の関係者から対応を求められることが多くあります。成年後見人等の本来業務ではないことを関係者はお互いに理解し共有しながら、行政と連携をとるなどして対応せざるを得ないこともあるようです。

成年後見制度の最近の動向と今後の展望

成年後見制度利用促進法と基本計画

●「成年後見制度利用促進法」と「成年後見制度利用促進基本計画」

成年後見制度が十分に利用されていないことから、2016年4月に「成年後見制度利用促進法（以下、利用促進法）」が成立し、基本理念として「成年後見制度の理念の尊重」「地域の需要に対応した成年後見制度の利用の促進」「成年後見制度の利用に関する体制の整備」が定められました。また、成年後見制度の利用の促進に関する施策を総合的かつ計画的に推進することになりました。

これを受けて、成年後見利用促進委員会による検討を経て、2017年3月、同法に基づく「成年後見制度利用促進基本計画（以下、第一期計画）」が閣議決定され、以下3つのポイントがあげられて取組みが進められました。

① 利用者がメリットを実感できる制度・運用の改善

後見人による財産管理の側面のみを重視するのではなく、利用者の意思を丁寧にくみ取ってその生活を守り、権利を擁護していく意思決定支援・身上保護の側面も重視し、利用者がメリットを実感できる制度・運用とすることが目指されました。それを受けて、本人の生活状況等を踏まえた適切な成年後見人等の選任とともに、制度の利用開始後においても必要に応じて柔軟に交代させる等の取組みが進んでいます。利用の少ない「保佐」及び「補助」類型や「任意後見制度」の利用促進に向けた取組みも行われています。

また、成年後見制度の利用の適否及び類型を見極める医師が、本人の生活状況や必要な支援の状況等を含め、十分な情報をもとに判断することができるよう、本人の状況等を伝える資料として「本人情報シート」が申し立てに必要なもの（15頁参照）として加わるとともに、その判断について記載する診断書も改正されました。

② 権利擁護支援の地域連携ネットワークづくり

成年後見制度の利用が必要な人を発見し、支援につなげる地域連携の仕組みや相談窓口の設置が進められています。

成年被後見人（本人）を成年後見人等が個人で支えるのではなく、本人に身近な親族、福祉事業所や病院などの福祉・医療関係者等と後見人等が「チーム」となって本人を見守り、対応していく体制づくりが行われています。その「チーム」を支援するための仕組みとして「協議会」が位置付けられました。「協議会」とは、福祉・法律の専門職団体が協力して個別の「チーム」を支援する仕組みであり、そこには弁護士会・司法書士会・社会福祉士会等の専門職団体や医療・福祉関係団体、民生委員や自治会などの地域関係団体、社会福祉協議会など多様な団体で構成されます。このような地域連携ネットワークを整備し、適切に運営していくための中核となる機関（以下、中核機関）の設置が進められています。

中核機関が担うべき機能としては、主に4点あげられています。

・広報機能（権利擁護の必要な人の発見、周知・啓発等）
・相談機能（相談対応、後見ニーズの精査、見守り体制の調整等）
・成年後見制度利用促進機能（受任者調整や担い手の育成等）
・後見人支援機能（チームによる支援、本人の意思を尊重した柔軟な対応等）

東京都では、「成年後見活用あんしん生活創造事業（23頁参照）」における推進機関の設置のもと、広報機能や相談機能などの取組みが以前から進められており、中核機関との兼ね合いにおいて、さらなる展開が見込まれます。

③ 不正防止の徹底と利用しやすさとの調和

不正事案の発生や損害をできる限り少なくするため、成年後見制度の利用者の利便性に配慮しつつ、預貯金の管理・運用方策の検討の促進等について検討を行うとともに、権利擁護支援の地域連携ネットワークにおけるチームでの支援を行う中で、不正を未然に防ぐ、早期発見へとつなげる取組みが期待されています。